CONSIDÉRATIONS

SUR DES

RÉFORMES CIVILES

POLITIQUES ET JUDICIAIRES

ACCOMPLIES DEPUIS LE XVIᵉ SIÈCLE JUSQU'A NOS JOURS

ET SUR

DES AMÉLIORATIONS QUI RESTENT A OPÉRER

PAR

Louis Théodore BOURBON

Avocat, ancien notaire.

———

A propos d'un apologue de Lafontaine.

PARIS

LIBRAIRIE DE COTILLON

ÉDITEUR DE LA REVUE DE LÉGISLATION

24, Rue Soufflot, 24

DÉPARTEMENTS : CHEZ LES PRINCIPAUX LIBRAIRES.

—

1873

CONSIDÉRATIONS

SUR DES

RÉFORMES CIVILES

POLITIQUES ET JUDICIAIRES

ACCOMPLIES DEPUIS LE XVIᵉ SIÈCLE JUSQU'A NOS JOURS

ET SUR

DES AMÉLIORATIONS QUI RESTENT A OPÉRER

PAR

Louis Théodore BOURBON

Avocat, ancien notaire.

———

A propos d'un apologue de Lafontaine.

PARIS

LIBRAIRIE DE COTILLON

ÉDITEUR DE LA REVUE DE LÉGISLATION

24, Rue Soufflot, 24

DÉPARTEMENTS : CHEZ LES PRINCIPAUX LIBRAIRES.

1873

CONSIDÉRATIONS

SUR DES

RÉFORMES CIVILES

POLITIQUES ET JUDICIAIRES

> Le domaine de l'avocat est le même que celui du magistrat; la défense du droit public et du droit privé sont de son ressort. Défendre le droit public c'est défendre la plus belle des causes, celle du pays.
>
> (Me LACAN bâtonnier de l'ordre des avocats de Paris. — Conférence du 30 novembre 1872).

Commentaire d'un apologue de Lafontaine.

Il y a quarante ans, nos maîtres vénérés nous donnaient les premiers enseignements de l'histoire; ils nous faisaient analyser aussi les fables du bon Lafontaine. Quelques-uns de ces apologues et quelques faits historiques surpassaient la portée de nos jeunes esprits, nous ne pouvions les comprendre. Mais à mesure que nous avançons en âge, nous apprécions davantage l'utilité de l'histoire, nous admirons davantage aussi la bonhomie souriante et le génie profond de notre fabuliste national.

Bien qu'il fasse agir ou parler des dieux ou des animaux, Lafontaine s'occupe des hommes :

Hommes, dieux, animaux, tout y fait quelque rôle !

Aussi quand son recueil nous tombe sous la main, nous croyons toujours pouvoir tirer de ses intéressants récits quelque vérité d'observation ou quelque conséquence morale. Tantôt il nous enseigne que le travail est un devoir et un trésor; tantôt qu'un bienfait n'est jamais perdu, tantôt que Dieu fait bien ce qu'il fait.

Il nous enseigne encore qu'il y a toujours eu des bons et des méchants. Il nous démontre la communauté d'intérêts qui existe entre les gouvernants et les gouvernés. Il recommande à tous la modération dans les désirs ; il recommande aux princes, aux ministres, aux magistrats l'amour du bien public (*note 1*) [1].

Il est bon de savoir toutes ces choses et de ne pas les oublier. Lafontaine a pu avoir quelques faiblesses (nous ne sommes pas parfaits). Mais comme poète et comme moraliste il a conquis des droits à notre admiration et à notre reconnaissance.

Nous arriverons bientôt aux enseignements de l'histoire. Occupons-nous d'abord de l'apologue célèbre dont nous croyons avoir pénétré le véritable sens ; nous désirons faciliter l'intelligence de cet apologue aux amis du spiritualisme et de la liberté civile. C'est : Le loup plaidant contre le renard, par-devant le singe :

> Un loup disait que l'on l'avait volé.
> Un renard, son voisin, d'assez mauvaise vie,
> *Pour ce prétendu vol*, par lui fut appelé ;
>   Devant le singe il fut plaidé,
> Non point par avocats mais par chaque partie ;
>   Thémis n'avait point travaillé
> De mémoire de singe à fait plus embrouillé.
> Le magistrat suait en son lit de justice !
>   Après qu'on eut bien contesté,
>   Répliqué, crié, tempêté,
>   Le juge instruit de leur malice,
> Leur dit : Je vous connais, de longtemps, mes amis,
>   Et tous deux vous paierez l'amende ;
> Car, toi loup, tu te plains, quoiqu'on ne t'ait rien pris,
> Et toi, renard, as pris ce que l'on te demande.
> Le juge prétendait qu'à tort et à travers
> On ne saurait manquer, condamnant un pervers.

Cet apologue touche à la fois la question des mœurs privées et la question des mœurs publiques. Il touche certaines questions politiques et certaines questions judiciaires ; c'en est assez pour lui donner de l'importance. — Nous trouvons en scène trois personnages, et ces trois caractères se prêtent parfaitement aux idées du poète.

Le loup représente la force brutale. Il se plaint *faussement* d'avoir été volé ; c'est un égoïste et un calomniateur. Il attaque un individu dans sa propriété et même dans son honneur, cette perle qui doit être pour tous plus précieuse que les biens et la vie même. C'est le loup cruel qui dans un autre apologue dévore un faible agneau sans lui permettre de se justifier. Il dirait volontiers :

> La raison du plus fort est toujours la meilleure.

Ce vers pris dans le sens littéral serait un paradoxe. Nous savons

[1] Voir les notes à la fin de cette brochure.

comme Rossi : « Qu'il est impossible de conclure de la force de la
« poudre, à la justice du coup de canon. »

La calomnie du loup avec son raffinement pourrait paraître commode à ceux qui estiment la force et qui font peu de cas du devoir.
Mais au point de vue spiritualiste il vaudrait mieux s'imposer les plus
rudes sacrifices, supporter les plus rudes privations que de commettre
de propos délibéré une semblable injustice.

Le renard est un justiciable, il n'a pas commis le vol dont il est
accusé. Il s'agit d'un *prétendu vol* et non d'un vol réel, c'est établi.
Le renard calomnié, nous inspire de l'intérêt et de la pitié, l'indifférence ne nous est pas permise. Nous ne pouvons dire comme le Rat
qui s'est retiré du monde :

> Les choses d'ici-bas ne nous regardent plus.

Mais le procès est engagé, les parties plaident :

> Le magistrat suait en son lit de justice !
> Après qu'on eut bien contesté,
> Répliqué, crié, tempêté... !

Que d'heureuses réflexions et comme elles arrivent à propos ! Le
singe s'efface, l'allégorie devient de plus en plus dramatique ; nous
croyons assister à une audience de ce temps-là. Que va faire le
Magistrat ; voici le jugement :

> Tous deux vous paierez l'amende, etc...

Ce jugement ne renferme ni la vérité judiciaire ni la vérité absolue.
La prétention qu'a ce mauvais juge de condamner à tort et à travers,
d'assimiler l'innocent au coupable est une injuste prétention. La contradiction qui se trouve dans le jugement s'offre de suite à notre esprit ; nous l'attribuons à la légèreté ou à l'ignorance du juge, et nous
tremblons pour le sort des innocents qui seront appelés devant lui.
Quand la calomnie peut produire sur l'esprit des juges les effets que
nous venons d'indiquer, elle offre de grands inconvénients, elle met
l'ordre social et la sécurité de l'individu à la merci des méchants et
des hommes de mauvaise foi.

Lafontaine nous a prévenus qu'il n'y avait pas d'avocats à l'audience. Des avocats eussent peut-être demandé la cassation de ce
jugement, peut-être la nomination d'un juge plus capable ; car c'est
le devoir du barreau de se dévouer à la défense des malheureux et
d'affirmer le droit public quand les libertés publiques et nécessaires
sont en question.

Notre poète était de l'Académie française, il avait le sentiment de
la justice. Il est encore aujourd'hui, selon l'expression de Geruzez,
« la fleur de l'esprit gaulois, avec un parfum d'antiquité. » C'est pour
cette raison que nous mettons ses Fables entre les mains de nos en-

fants. Assurément il n'a voulu nous donner pour modèle ni le Loup ni le Singe. Il blâme la méchanceté du Loup quand il exprime cette véritable nécessité sociale :

Il se faut entr'aider, c'est la loi de nature.

Il blâme l'ignorance du Singe quand il nous parle du prix de la science.

A nos yeux, la probité, les mœurs, le savoir sont d'un très-grand prix. Dans les tribunaux, l'amour du devoir, la science et l'action doivent rester unis comme l'âme qui commande et le corps qui obéit. « Mépriser la science, a dit Royer-Collard, c'est avoir la pré-
« tention excessivement orgueilleuse de parler sans savoir ce qu'on
« dit, et d'agir sans savoir ce qu'on fait. »

Par le moyen très-ingénieux de l'apologue, Lafontaine faisait en-
tendre aux hommes des vérités qui nous ont paru très-importantes. Il pensait comme l'illustre président Guillaume de Lamoignon, son con-
temporain, qu'une société sans justice et sans mœurs éprouve bientôt des troubles profonds dont personne ne peut apprécier les consé-
quences ; il voulait pour les justiciables une législation complète, il demandait des juges intègres et capables ; il voulait intéresser au bien public les sages, les légistes et la politique du grand roi. Il a pu vouloir tout cela, car c'est son art admirable de faire entendre plus qu'il ne dit en effet.

Puissé-je être utile aux siècles à venir !

disait Lafontaine. Ses apologues n'ont pas été inutiles ; après deux siècles ils peuvent encore nous inspirer à tous d'utiles réflexions, et à nos législateurs de salutaires mesures.

Le lecteur, quelque bienveillant qu'il soit, pourrait maintenant nous demander d'établir l'importance de la politique et l'importance de l'application des lois ?

Sur la politique : nous rappellerons les paroles remarquables que M. le duc d'Audiffret-Pasquier, prononçait à l'Assemblée nationale le 22 mai 1872 :

« Quand un bourgeois rentre chez lui, il se croit bien sage lorsqu'il
« ne s'est pas occupé de politique. C'est qu'il ne sait pas que la poli-
« tique c'est notre sang, que la politique c'est notre argent, c'est
« notre honneur... N'abdiquons jamais ; ne pas défendre nos libertés
« nécessaires, c'est déserter ce que notre mission ici-bas a de plus
« haut et de plus sacré ! »

M. le duc d'Audiffret-Pasquier avait raison, nous devons porter notre intérêt sur la politique et sur la justice ; l'ordre judiciaire peut comme l'ordre politique toucher tour à tour nos droits et presque tous les actes de notre vie.

Nous avons aussi entendu les paroles prononcées par M. l'avocat général Vetelay. Ce magistrat disait à l'audience solennelle de rentrée de la Cour d'appel de Limoges, le 4 novembre dernier : *Nous vivons à une époque où le plus modeste ouvrier ne peut se dérober à l'œuvre de réparation que doivent aborder tous les citoyens ; où aucun Français ne saurait demeurer en arrière sans être coupable ; où l'on doit compter sur sa bonne volonté plus que sur sa force ; où il faut se préoccuper d'être utile ; où le patriotisme commande de ne pas retenir la vérité ; où l'amour-propre ne saurait entrer en lutte avec le devoir !*

Ces paroles nous ont fait prendre la résolution de rechercher et de publier la vérité sur les questions qui nous sont échues.

Nous aimons la littérature et la poésie. Mais nos préférences sont pour l'histoire et la philosophie du droit. Ces études conduisent plus sûrement que la poésie à la manifestation de la vérité morale.

On pourrait dire que nous venons de prêter à Lafontaine des idées qui peut-être n'étaient pas les siennes. Plus est grande et plus est élevée la cause que nous allons soutenir, plus nos considérations privées pourraient paraître insuffisantes. Nous allons donc remonter aux sources de notre législation et en suivre les mouvements. Nous évoquerons successivement les paroles des hommes illustres dont les idées ne sont pas douteuses, des hommes illustres, dont la science, le patriotisme, l'action dans les conseils du pouvoir ont été et sont encore la gloire de notre magistrature supérieure.

Nous avons, par un travail assidu, demandé aux autorités les plus puissantes, les vraies et les fausses maximes, sur les questions qui nous occupent. C'est donc au milieu de ces autorités que le lecteur pourra retrouver les aspirations du pays sur les réformes accomplies déjà, et sur les améliorations qui restent à accomplir.

Entre autres vérités nous essaierons de démontrer les suivantes : *Ne pas respecter les droits d'autrui comme les siens propres, c'est ne pas avoir le sentiment du droit privé. Rester indifférent devant l'injustice ou l'arbitraire, c'est n'avoir ni le sentiment du patriotisme ni le sentiment de la charité ; c'est ne pas aimer assez notre doux pays de France. Quand la liberté civile d'un seul citoyen est injustement atteinte, c'est la liberté civile de tous qui est en danger.*

Nous essaierons en même temps de combattre quelques paradoxes qu'on a soutenus de nos jours (2). On a prétendu qu'il suffit aux hommes investis d'une grande dignité de ne pas négliger en apparence leurs devoirs pour maintenir leur autorité.

On a combattu les principes spiritualistes reconnus par nos codes. On a ridiculisé les idées religieuses ; on a voulu supprimer Dieu, on a prétendu qu'il n'y a rien après la mort, et que les aspirations de l'homme peuvent se borner aux jouissances de la vie.

A propos de l'ordre judiciaire, des orateurs ou des écrivains ont soutenu que cet ordre peut être le produit de l'élection, qu'il peut être complétement indépendant, que l'équité d'un tribunal de première instance vaut bien l'équité d'un tribunal supérieur ou l'équité des législateurs, que les lois peuvent être facultatives quant à leur application, qu'elles protégent ou menacent inégalement les citoyens selon qu'ils sont réputés amis ou ennemis du pouvoir, que ceux qui sont bien ou mal jugés n'ont plus qu'à se taire après le délai de deux mois, que l'autorité se déconsidère en réparant une erreur. On a été jusqu'à dire qu'on peut concilier le matérialisme avec la morale et l'ordre des sociétés (3).

Qu'ils aient ou non des positions officielles, ceux qui soutiennent ces paradoxes ne travaillent pas pour la paix sociale ; ils égarent la société. Les fausses théories sociales tuent les nations comme les médicaments empoisonnés tuent les individus.

L'idée de justice est intimement liée au respect des lois et des principes sociaux. Quand un peuple a perdu l'idée de justice, il ne reste que des hommes faits pour la servitude ou pour la sédition. La servitude détruit le patriotisme ; la sédition produit les scènes de meurtre, de pillage et d'incendie dont nous avons été depuis peu les témoins (4).

Comme notaire, nous avons vu de près pendant longtemps les dangers que peuvent courir les fonctionnaires et les services qu'ils doivent rendre.

Nous n'avons pas en ce moment, l'honneur d'appartenir au barreau qui plaide, mais nous n'en restons pas moins un admirateur des magistrats intègres et sérieux ; nous n'en restons pas moins dévoué aux idées d'ordre, de travail, de patriotisme et d'obéissance aux lois. Nous croyons qu'il faut faire aimer et respecter la justice ; qu'il faut vivre et au besoin mourir pour la vérité absolue, comme Socrate ; pour le devoir et la patrie comme le chevalier d'Assas ; nous désirons que le respect pour l'autorité soit relevé et non pas amoindri. Et maintenant nous allons exposer nos considérations historiques (5 *et* 6).

Considérations historiques.

I.

Etudions d'abord l'esprit politique et judiciaire au temps de Lafontaine ; nous tâcherons ensuite de suivre cet esprit dans sa marche et ses développements jusqu'à nos jours.

Le règne de Louis XIV fut le plus glorieux de notre histoire, et l'un des plus désastreux dans les dernières années. Les gouverneurs et les fonctionnaires étaient dans les provinces de petits despotes. Il y avait dans l'administration de la justice beaucoup d'erreurs et beaucoup d'abus. L'arbitraire se rencontrait presque partout. La liberté civile n'existait pas, mais on en pressentait la nécessité.

Dans un lit de justice tenu en 1651, l'avocat général Omer Talon (un homme de cœur et de générosité), adressait au roi à l'occasion de sa majorité, un discours plein de dignité et de noblesse. Après avoir parlé à Louis XIV de l'autorité que Dieu lui avait donnée sur un grand peuple, il ajoutait : « Sire, tous les hommes naissent pour être libres, « (*pour avoir la liberté civile*); ces noms de domination et de soumission « sont barbares dans leur origine, et contraires au principe et à l'es- « sence de notre nature. »

Ce langage sainement compris aurait dû prémunir le jeune Monarque contre le despotisme et les abus de la grandeur. Il n'en fut rien, Louis XIV n'admettait pas de restriction à sa puissance. Il pensait que tous les hommes étaient faits *pour le servir*, et il disait l'*Etat c'est moi* (7).

Le grand Roi avait oublié la sagesse et la prévoyance de Charlemagne qui dès l'année 802, disait dans ses Capitulaires :

« Que nul ne fasse injure, fraude ou dol à personne, parce que l'em- « pereur après Dieu, est le protecteur de tous; que les comtes connais- « sent bien la loi, afin qu'aucun juge ne puisse *juger injustement*, ni « changer indûment la loi. » Et ailleurs : « Si quelqu'un de nos vas- « saux ne *rend pas justice* à ses hommes, que le comte et notre envoyé « s'établissent dans sa maison et vivent à ses dépens jusqu'à ce *qu'il* « *ait rendu justice* » (8).

Louis XIV avait également oublié les principes d'Henri IV. Le gé- néreux Henri avait en effet l'habitude de dire :

« La première loi du souverain c'est de les observer toutes. » Et encore : « J'ai moi-même deux souverains, *Dieu et la loi.* »

Apprenant un jour que des soldats avaient exercé dans les cam- pagnes certaines vexations, il disait à ses capitaines : « Partez sans « retard, veillez au maintien de l'ordre. Quoi ! si l'on ruine mon peuple, « qui me nourrira ? qui soutiendra les charges de l'État ?... »

Ainsi Charlemagne et le grand Henri savaient que le chef de l'État doit être le père de tous. Ce n'est pas assez pour lui de ne faire aucun mal, il faut qu'il accomplisse tout le bien possible.

Au xvie siècle, Cujas, le fondateur des Études du Droit, le père de la vraie jurisprudence, enseignait cette idée remarquable : *La loi n'est pas stationnaire, il y a pour chaque civilisation une loi propre, et un progrès nécessaire pour les sociétés nouvelles.*

Un peu plus tard le président Favre, l'un des plus grands magis- trats de son temps, se plaignait amèrement des abus judiciaires. Il disait dans sa préface *de Erroribus pragmaticorum* : « La plupart des « juges s'érigent en arbitres souverains de l'équité des lois, leur substi-

« tuant la loi qui est née dans leurs cerveaux, et traitant de subtilités
« les décisions réfléchies des autres lumières de la Jurisprudence » (9).

Le célèbre Dumoulin qui voulait aussi faire consacrer le principe de
l'égalité devant la loi se plaignait de la liberté que prenaient les
juges « de *pervertir le droit*, de s'éloigner des dispositions de la loi,
« sous le prétexte apparent d'une équité imparfaite et mutilée » (10).

Au XVIIᵉ siècle, l'illustre Domat disait dans sa préface des *Lois
Civiles* : *Pour découvrir les premiers fondements des lois de l'homme en
société, il faut connaître quelle est sa fin ; parce que sa destination à cette
fin sera la première règle de la voie et des démarches qui l'y conduisent ; et par conséquent sa première loi et le fondement de toutes les
autres... etc.*

Quel sujet de méditations pour nos législateurs ! Domat pense que
l'autorité législative ne doit pas décréter légalement ce qui est contraire aux principes de la morale et de la justice éternelle !

Au XVIIIᵉ siècle, le célèbre Bouhier, président du Parlement de
Dijon, reprochait encore aux magistrats de son temps, leur peu de
respect pour les lois, et leur indifférence pour le bien public. Il disait
dans ses observations sur la *Coutume du duché de Bourgogne* (chap. II,
nᵒˢ 47 et 48) :

« Les docteurs nous donnent pour règle que celui qui a droit de
« juger selon sa conscience, est astreint *à juger suivant les lois*. Où en
« serait-on s'il était permis aux magistrats de préférer en jugeant, ce
« qu'ils *s'imaginent* être le plus équitable à ce qui est ordonné par le
« législateur ?

« Tout sera *donc incertain et arbitraire ? Sur quoi donc les avocats fon-
deront-ils leurs consultations ? sur quel fondement se pourra conduire celui
qui voudra entreprendre ou soutenir un procès ? Il est aisé de voir en quelle
absurdité on tomberait.* »

Sous le nᵒ 50 du même ouvrage le président Bouhier nous rappelle
un trait historique sur le danger des jugements de la prétendue équité.
Voici ce trait : Après avoir été conquis par le roi François Iᵉʳ, les
peuples de Savoie lui demandèrent de n'être pas jugés d'équité. Cette
requête parut d'abord étrange ; mais dans la suite on la trouva fort
censée quand on y eut fait réflexion. Peut-être donna-t-elle lieu à cet
ancien proverbe que Charondas nous assure avoir été en usage au
Palais : *Dieu nous garde de l'équité de Messieurs du Parlement !*

Plus loin le président Bouhier ajoute ce dernier point qui nous a
infiniment touché :

« Le juge n'a rien à se reprocher lorsque dans l'exercice de la justice
« il s'est conformé à la décision des lois qui nous ont été données pour
« règle.

« Au lieu que celui qui juge *suivant ses idées particulières*, encore

« qu'il ait les meilleures intentions du monde, doit trembler à chaque
« instant sur le danger où il s'expose de rendre un jugement injuste
« quoique involontairement. »

Daguesseau, le plus grand magistrat de son époque, celui dont la
noble figure nous apparaît encore comme l'image du véritable esprit
judiciaire, dit dans sa neuvième Mercuriale : « L'ambitieux se flatte
« du faux honneur de pouvoir tout ce qu'il désire ; la gloire solide de
« l'homme juste est de confesser avec joie qu'il n'est le maître de rien.
« Ministre de la loi il ne peut dominer sur la loi même. »

Et dans sa douzième Mercuriale prononcée en 1709, le même Magistrat dit encore : *Rien ne sera jamais plus respectable qu'un véritable
magistrat ! Cette gloire solide et durable à laquelle nous aspirons tous ne
consiste point à ne relever que de soi-même, à ne dépendre que de sa seule
autorité. Vouloir s'affranchir des règles communes, est un goût qui montre
plus de bassesse de cœur que d'élévation d'esprit ; content d'être toujours
dominé par la règle, sans être jamais tenté de la dominer, le magistrat
trouve dans cette seule disposition le principe de tous les devoirs et le fondement de toute sa grandeur.*

Dans sa quinzième Mercuriale Daguesseau dit encore : « C'est en
« vain que le magistrat se flatte de connaître la vérité et d'aimer la
« justice, s'il n'a la fermeté de défendre la vérité qu'il connaît, et de
« combattre pour la justice qu'il aime. »

Daguesseau avait le culte de l'autorité et de l'ordre public, mais il
avait aussi le culte des libertés nécessaires, de ces libertés sages que
nous n'avons pas assez défendues depuis vingt ans. Pour notre compte
nous ne nous lassons pas de relire ces chefs-d'œuvre patriotiques. Ils
sont bien connus de la magistrature et du barreau, mais en replaçant
sous les yeux du lecteur quelques citations, à l'appui de notre thèse,
nous croyons être utile aux personnes du monde qui n'ont ni le temps
ni la volonté de parcourir de longs ouvrages.

L'immortel auteur de l'*Esprit des lois*, Montesquieu, dit avec sa mer-
veilleuse intelligence des nécessités sociales :

« Il est de la nature de la constitution que les juges suivent la lettre
« de la loi ; il n'y a point de citoyen contre qui on puisse interpréter
« une loi quand il s'agit de ses biens, de son honneur ou de sa vie. »
(L. IV, ch. iii.)

Définissant la liberté civile, Montesquieu dit encore : « La liberté
« consiste principalement à ne pouvoir être forcé à *faire une chose que
« la loi n'ordonne pas ;* et on n'est dans cet état que parce qu'on est gou-
« verné par des lois civiles. » (L. XXVI, ch. ii.)

Cette définition est fort importante et quand nous parlerons des
libertés nécessaires nous n'entendrons pas parler de cette liberté de
ne rien croire, de cette liberté de tout faire qui conduit à la licence,

de cette liberté qui corrompant les mœurs publiques entraîne à sa suite le malheur des individus et des peuples.

Le célèbre président de Bordeaux nous parle aussi de l'honneur, de l'éducation sociale, et il dit : « L'honneur a ses règles suprêmes ; l'édu« cation est obligée de s'y conformer, les principales règles sont : qu'il « nous est permis de faire cas de notre fortune, que lorsque nous « avons été une fois placés dans un rang, nous ne devons *rien faire* « *ni souffrir* qui fasse voir que nous nous tenons inférieurs à ce rang « même. »

Le grand Corneille a bien pu dire dans son admirable tragédie du Cid :

> Qui veut m'ôter l'honneur, craint de m'ôter la vie !

Cicéron avait dit dans les *Tusculanes* : « Il faut, quand l'honneur « parle, *aimer mieux souffrir et mourir* que de rien perdre de sa di« gnité. »

Chez tous les peuples civilisés celui ou celle qui défend son honneur et l'honneur des siens est en état de légitime défense. Au point de vue moral, au point de vue politique et au point de vue religieux, il est indispensable que dans la société les hommes placent l'honneur et le devoir au-dessus de l'intérêt et du plaisir, le travail honnête, le courage éprouvé au-dessus de l'iniquité triomphante et notre âme immortelle au-dessus d'un corps périssable.

II.

Louis XV, trop peu soucieux du devoir, et trop esclave des plaisirs, franchit toutes les bornes. Il livra malheureusement le pays, la politique et le trésor aux caprices des favoris et des favorites de la cour, aussi Montesquieu prononçait en 1725, une célèbre harangue ; et il disait entre autres choses :

« Je ne parlerai pas de ces *grandes corruptions* qui dans tous les « temps ont été le présage du changement et de la chute des États ; « de ces *injustices, de dessein formé*, de ces méchancetés de système, « de ces magistratures exercées au milieu des reproches, des pleurs, « des murmures, des craintes de tous les citoyens. Contre des juges « pareils il faudrait un tonnerre, la honte et les reproches ne sont « rien ! »

Montesquieu avait l'amour de la justice ; et en parlant ainsi, il montrait plus de hardiesse et de résolution que ses prédécesseurs. Il allait tout droit et sans rien craindre aux conséquences logiques de ses convictions. Comme il croyait il parlait, et comme il parlait il agissait.

Les réformes politiques et judiciaires devenaient de *plus en plus* né-

cessaires. Dès 1756, et plus tard en 1771, le chancelier Maupeou voulut faire dans les Parlements une réorganisation que les événements ont justifiée plus tard ; mais ces réformes toujours difficiles à opérer demeurèrent incomplètes.

« Toute réforme qui ne prétend pas à changer les caractères, en « même temps que les hommes, à changer les mœurs en même temps « que les institutions, est condamnée à demeurer stérile. »

C'est une des grandes vérités soutenues par M. l'avocat-général Montaubin, dans son discours de rentrée, devant la cour de Rennes, le 4 novembre dernier.

Plus les hommes sont éclairés, moins ils supportent l'absolutisme ou l'arbitraire, en leur faisant connaître leurs devoirs et leurs droits, l'instruction et l'éducation fortifient l'amour du devoir et d'une sage liberté.

En 1789 les hommes sincèrement dévoués au bien public connaissaient les inconvénients de l'arbitraire et des abus d'autorité. Ils réclamaient, à juste titre, l'application des vrais principes de droit qui ont été proclamés depuis, notamment la charité et la bienveillance réciproques, l'égalité civile, la liberté individuelle, une sage réglementation de la presse, le droit de pétition, le vote de l'impôt par les députés et le droit pour tout citoyen d'être jugé selon les lois par ses juges naturels (11).

La joie que fit naître l'ouverture des États généraux ne fut nulle part plus vive que dans la magistrature et le barreau qui formaient la partie la plus éclairée du tiers état. C'était la réalisation des premières espérances d'un peuple vers son affranchissement. C'est ce qu'affirmait M. l'avocat-général Bigot dans le discours de rentrée par lui prononcé devant la Cour d'appel d'Angers le 3 novembre 1868.

Mirabeau, disait aussi aux États généraux : « L'Évangile et la « liberté sont les bases inséparables de la vraie législation et le fon-« dement éternel de l'état le plus parfait du genre humain. »

Par un décret du 16 mars 1790, tous ordres arbitraires et toutes lettres de cachet sont abolis. L'Assemblée nationale avait mis en vacances indéfinies les anciens Parlements qui se montraient trop hostiles aux idées de réformes. Il fallait bien réorganiser l'ordre judiciaire. Que deviendrait en effet une société sans Dieu, sans mœurs et sans tribunaux ?

Bien des projets furent alors présentés et combattus. Qu'il nous suffise de dire qu'après avoir établi au criminel un jury, l'Assemblée repoussa l'institution d'un jury civil, et reconnut par d'excellentes raisons, la nécessité de l'application des lois civiles par les juges ordinaires.

Nous déplorons en passant les excès regrettables auxquels fut entraînée la révolution. Nous nous rappelons les paroles que prononçait en mourant sur l'échafaud Mme Rolland : « O liberté, que de crimes commis en ton nom ! »

La République était proclamée ; l'infortuné Louis XVI mourait sur l'échafaud, expiant autant les fautes de ses prédécesseurs que les faiblesses de son gouvernement.

La révolution voulut supprimer toute idée religieuse, et mettre à la place de Dieu une Vénus impudique. Mais comme le disait à l'audience de rentrée de la Cour de Toulouse le 4 novembre dernier M. l'avocat-général Legeard de la Dyriays : *Ce n'est pas impunément qu'on déchaîne sur le monde l'athéisme avec ses extravagances ; la négation de Dieu ébranle la société jusque dans ses fondements. Nier Dieu c'est nier le droit ; sans Dieu il n'y a plus ni droit véritable, ni devoir sérieux ; l'un n'a plus de raison d'être ni l'autre de sanction... Le droit cessant d'être une émanation de la justice infinie, deviendrait une œuvre arbitraire du caprice, de l'intérêt ou de la force....*

Aussi pendant qu'a duré la Terreur, plus de quatre mille têtes (et combien d'innocentes?) sont tombées de l'échafaud qui restait en permanence sur la place de la Révolution.

Mais après avoir tout détruit, la France ne devait pas périr. Elle devait tout réorganiser sur des bases moins imparfaites que l'absolutisme et l'arbitraire !

Dès le mois de mai 1794, l'Assemblée et le peuple français reconnaissent l'existence et la puissance de Dieu. On reconnaît aussi l'immortalité de l'âme à laquelle se rattache toute idée de justice. Au 18 brumaire, quand le calme succède à la tempête, Napoléon Bonaparte promet à nos pères la liberté civile. Le 19 brumaire an VIII, Boulay de la Meurthe paraît à la tribune et reconnaît la nécessité sociale de la liberté civile. Dans un langage un peu emphatique peutêtre, mais vrai au fond : « le bonheur d'un peuple (dit-il), consiste « dans l'égalité civile. »

Il ne s'agit pas ici de cette égalité absolue et chimérique que quelques utopistes ont rêvée depuis. Il y aura toujours des différences de taille, de force et de santé, des différences d'intelligence et de position sociale. Il y aura toujours des hommes éminents qui devront commander, et des hommes qui devront être heureux d'obéir (car il est plus facile d'obéir que de bien commander).

Il s'agit de cette égalité devant la loi qui est une conséquence de l'égalité devant Dieu. Avec cette égalité les devoirs sont réciproques chez les gouvernants et chez les gouvernés, chez les riches et chez les pauvres. Il reste, pour tous, les deux souverains que reconnaissait Henri IV, *Dieu et la loi !* Il n'y a plus alors d'arbitraire chez ceux qui commandent ; ils sont affables, modérés, charitables, ils donnent de bons conseils et de salutaires exemples. Il n'y a rien de servile et d'irrité chez ceux qui obéissent; ils savent que le gouvernement ne peut assurer à tous un bonheur parfait; ils savent que ce bonheur absolu n'existe pour personne; ils savent que chacun selon ses aptitudes doit demander au travail ses moyens d'existence; ils savent que la richesse n'a pas la puissance de rendre les hommes souverainement heureux, que ceux qui tiennent les plus hauts rangs dans la société ont leurs souffrances et leurs chagrins secrets. Par une vie laborieuse, rangée, prévoyante, ceux qui doivent obéir se rendent dignes de l'amour et de l'estime de leurs semblables, et plus tard de la bonté de Dieu.

Chez tous la bienveillance et l'affection deviennent mutuelles. L'égalité civile ainsi entendue est une des vraies conquêtes de 1789, c'est par elle que tous les Français sont devenus admissibles aux emplois publics selon leur capacité et sans autres distinctions que celles de leurs vertus et de leurs talents (12).

III.

Nous avons vu trop rapidement peut-être combien il a fallu d'efforts depuis Cujas et Montesquieu pour faire admettre dans notre législation la nécessité sociale de la liberté civile. Royer-Collard qui sentait mieux que personne le prix de cette liberté a pu dire : « Sans la liberté « civile, il n'y a rien sur la terre qu'une vie sans dignité et une mort « sans espérance ! »

Aussi toutes nos constitutions depuis l'an VIII, ont reconnu la nécessité de la liberté civile. L'an VIII appartient à une période *de très-sages réformes* ou plutôt de très-sage réorganisation. Nous sommes heureux de pouvoir nous appuyer ici sur l'opinion de M. Laferrière, inspecteur général des Facultés de droit et membre de l'Institut (13).

A cette époque on défend avec raison l'autorité de la loi contre tous les empiétements de quelque part qu'ils viennent. Aucun ordre ne doit plus dépasser ses pouvoirs; la constitution donne au citoyen lésé dans ses droits le recours contre les fonctionnaires avec l'autorisation du Conseil d'État (depuis, un décret du 19 septembre 1870 accorde des facilités nouvelles pour rappeler les fonctionnaires à l'observation des lois).

Selon la loi du 27 ventôse an VIII, les Tribunaux et les Cours seront nommés par le gouvernement; *ils seront tenus au respect des lois. Il y aura deux voies pour se pourvoir contre les jugements ou les arrêts illégaux en dernier ressort.* La première dans l'intérêt particulier consistera à se pourvoir en cassation dans les trois mois. Le second mode de réformation aussi indispensable que le premier, et d'intérêt général, sera le pourvoi dans l'intérêt de la loi, après les délais expirés.

Nous sommes obligés de transcrire ici à cause de son importance, l'article 88 de la loi du 27 ventôse an VIII :

« Si le procureur général apprend qu'il ait été rendu en dernier
« ressort, un jugement contraire aux lois ou aux formes de procéder,
« ou dans lequel un juge ait excédé ses pouvoirs, et contre lequel ce-
« pendant aucune des parties n'ait réclamé dans le délai fixé; après
« ce délai expiré il en donnera connaissance au tribunal de cassation,
« et si les lois ont été violées, le jugement sera cassé, sans que les
« parties puissent se prévaloir de la cassation pour éluder les disposi-
« tions de ce jugement, lequel vaudra transaction pour elles. »

Les législateurs de l'an VIII ont bien senti qu'ils ne pouvaient accorder au plaideur de mauvaise foi, favorisé par la légèreté ou l'impéritie du juge, une *prescription* de deux ou trois mois. Aussi ils ont dit que le jugement contraire aux lois vaudrait *transaction*. La transaction étant un contrat par lequel les parties terminent d'un commun accord une contestation née, ou préviennent une contestation à naître, le mot transaction est bien inexact. Quand vous payez, comme contraint et forcé par un jugement contraire aux lois, mais dont vous ne pouvez démontrer immédiatement le mal jugé, vous ne faites pas une transaction. La résignation pénible et momentanée de la victime ne crée aucun droit ni au profit du calomniateur, ni au profit du pouvoir qui a violé les lois.

Les articles 1376 et 1382, tracent au demandeur injuste comme au défendeur téméraire leur ligne de conduite. Bien qu'il y ait eu un jugement, l'obligation de rendre ce qui n'était pas dû ou de payer ce qui était dû, est renfermée dans la loi éternelle de la souveraine justice.

Le lecteur peut déjà pressentir une de nos conclusions, c'est que le système de l'an VIII a été et devrait être encore la constitution moderne du pouvoir judiciaire en France. *Au début, les appels dans l'intérêt de la loi ont été considérés comme affaires urgentes. (Voir arrêt de cassation du 16 thermidor an XI.)* En continuant de suivre les mouvements politiques et judiciaires, depuis l'an VIII, nous espérons arriver à des conclusions tout à fait incontestables.

Au XIXe siècle d'autres réformes s'opèrent. Par la loi du 18 germinal an X, les ecclésiastiques soumis déjà à la responsabilité commune, sont comme fonctionnaires soumis aux appels comme d'abus. On considère comme abus d'autorité tout procédé qui sans toucher à la fortune privée, peut arbitrairement compromettre la considération, l'honneur d'une personne, et dégénérer en oppression ou en injure. Pas de dragonnades, pas de violences ! le clergé ne peut appeler à son aide que l'Évangile, la force du raisonnement et la persuasion. Le clergé doit aujourd'hui, comme nous tous, développer pour le bien et pour la vérité une nouvelle ardeur, mais quand il a fait tous ses charitables efforts, il souffre (comme le dit Fénelon) ce que Dieu veut bien souffrir.

Jusqu'en 1803 l'unité de législation n'existait pas en France. C'est à cette époque que notre code civil a été promulgué. En présentant le titre préliminaire du code, ce titre qui rappelle si bien les maximes des *gouvernements honnêtes*, le conseiller d'État Portalis, disait au Corps législatif :

La justice est la première dette de la souveraineté ; c'est pour acquitter cette dette sacrée que les tribunaux sont établis.

L'article 5 du code défend aux juges de *violer les lois*. Les articles 6 et 1128 ne permettent pas de déroger par des conventions particulières aux lois qui intéressent l'ordre public et les bonnes mœurs. Ainsi la conscience, *la liberté civile*, la liberté religieuse ne sont pas dans le commerce. On ne peut en trafiquer ni les restreindre par aucun engagement, l'acte par lequel on y renoncerait étant nul ne pourrait produire aucun effet.

Dans le titre des obligations en général, l'article 1109 dit qu'il n'y a pas de consentement valable si le consentement n'a été donné que par erreur ou s'il a été extorqué par la violence ou surpris par dol.

L'article 1382 dit que : Tout fait quelconque de l'homme qui cause à autrui un dommage, oblige celui par la faute duquel il est arrivé à le réparer. Dans sa vaste latitude cet article embrasse tous les genres de dommages, et les assujettit tous à une réparation immédiate ou tardive.

L'article 1641 n'admet pas davantage la théorie malfaisante du fait accompli, le vendeur est tenu de la garantie à raison des défauts graves et cachés de la chose vendue, défauts qui diminuent tellement l'usage de la chose, que l'acheteur ne l'aurait pas acquise, ou n'en aurait donné qu'un moindre prix s'il les avait connus. — Nous pourrions citer beaucoup d'autres articles. Voilà en abrégé ce que veut le code civil : Il reconnaît et organise les droits de la famille ; il soutient les véritables principes, ceux qu'on a essayé récemment de combattre par des paradoxes funestes.

Le code de procédure a été promulgué en 1806. Il impose aux parties et aux témoins l'obligation de dire toute la vérité et rien que la vérité. Il défend aux juges de violer les lois ; il aurait dû reproduire l'article 88 de la loi de l'an VIII. — Qu'est-ce donc qu'un jugement ? C'est, dit M. Pigeau dans son Cours de procédure, *l'opinion émise par le juge que la loi statue de telle manière sur la cause qui lui est soumise.*

Il en résulte que l'opinion du juge ne fait pas loi, et si les lois ont été *diamétralement violées*, il n'y a plus qu'un simulacre de jugement ou un jugement annulable. S'il en était autrement nous pourrions être forcés à faire une chose que la loi n'ordonne pas, ce qui est contraire à notre conscience et à l'essence de notre nature.

Le code d'instruction criminelle a été promulgué en 1808. Nous ne pouvons parler des diverses procédures dont il s'occupe ; mais nous tenons à établir que l'article 442 reconnaît en matière criminelle la nécessité sociale de réparer les erreurs. Ni les tribunaux ni les jurys ne sont infaillibles. Que d'exemples tout près de nous ! Desvaux, Filippi, Lasnier, Baffet et Loüarn, etc.., tous condamnés et tous reconnus innocents depuis vingt ans ! Nous tenons à dire un mot de l'art. 312 :

« M. le Président debout et découvert adressera aux jurés le discours suivant : « Vous jurez et promettez *devant Dieu* et devant les hommes, etc... »

Cet article important reconnaît non-seulement l'existence de Dieu, mais l'existence de la conscience, de la probité et de la liberté civile.

Si nous avons jeté ce coup d'œil sur l'ensemble de nos codes, nous ne l'avons pas fait sans raisons. *Nous voulions constater que nos codes ne sont ni matérialistes ni athées ; nous voulions établir que le spiritualisme y coule à pleins bords.*

Les législateurs et les avocats spiritualistes peuvent seuls les comprendre ; les juges spiritualistes peuvent seuls les appliquer sainement. Les orateurs et les écrivains qui nient Dieu et la liberté civile nous paraissent pousser la société vers de profonds abîmes.

La loi du 20 avril 1810 sur l'organisation des tribunaux est également spiritualiste. Les articles 46 et 47 de cette loi viennent à l'appui de la loi de l'an VIII. Le ministère public doit en effet surveiller l'application des lois.

Nous ne parlerons pas du gouvernement despotique de l'empereur Napoléon Ier ; nous ne dirons qu'un mot de Louis XVIII : Ce roi donna à nos pères une charte constitutionnelle pour garantie de leurs droits. Il gouverna dans un sens libéral ; nous entendons par là que sa politique fut digne d'un grand peuple et d'un peuple libre. Nous allons essayer de le démontrer.

Louis XVIII, aidé de sages législateurs, poursuivait une œuvre difficile et digne des plus nobles efforts ; il poursuivait la fondation d'un gouvernement où s'associeraient dans l'intérêt public, la libre discussion des affaires publiques, la stabilité du pouvoir et le perfectionnement des institutions et des lois. Deux lois très-importantes, puisées aux sources fécondes du vrai et du juste furent simultanément votées le 26 mai 1819 ; ce sont les lois sur la presse.

M. le rapporteur de la Commission centrale disait à ce propos à la Chambre des députés : « Messieurs, les plus grandes, les plus impor-

« tantes innovations judicaires vous sont proposées, les plus hauts in-
« térêts politiques, les intérêts individuels les plus précieux seront
« agités, les questions les plus délicates viendront se placer dans la
« discussion. »

Le même rapporteur disait à propos de l'article 20 de la loi qui nous
occupe : « La vie publique des dépositaires du pouvoir appartient au
« public ; c'est lui qui a intérêt à la manifestation de la vérité, il a
« droit de leur demander compte d'une vie qu'ils lui ont consacrée ;
« la preuve des faits imputés est la plus sûre de toutes les garanties.
« Ce genre de responsabilité se place tout naturellement dans le gou-
« vernement représentatif. »

Royer-Collard disait aussi : « Pour les fonctionnaires publics, l'his-
« toire commence chaque jour ; le public est pour eux la postérité. »

Après des discussions approfondies dans les deux Chambres, ces
lois sur la presse étaient votées à une grande majorité, et l'article 20
admettait devant le jury, la preuve des faits par toutes les voies ordinaires, à l'égard des dépositaires de l'autorité publique, ayant agi
dans un caractère public ; sauf la preuve contraire par les mêmes voies.

Telle a été la constitution des droits et des obligations des fonctionnaires en France ; les abus de pouvoir ou d'autorité pouvaient être
signalés par ceux qui avaient à s'en plaindre. Les fonctionnaires qui
avaient commis des erreurs ou des abus de pouvoir, perdaient une
partie de leur prestige ; ils devaient réparer les abus et devenir plus
circonspects ; c'était tout simplement justice !

IV.

Il ne suffit pas pour le bien d'un pays d'avoir de bonnes lois. Les
lois ne sont vivifiées que par l'application qui en est faite. Les abus
d'un gouvernement sont quelquefois rendus impossibles par le gouvernement suivant. Mais la vigilance de l'opinion publique est nécessaire. Si les hommes éclairés ne sont pas attentifs, les fausses doc-
trines sociales, politiques, judiciaires, peuvent reparaître dès la
troisième génération.

C'est l'histoire qui nous l'apprend. *Il est rare que dans un État nombreux un homme ou quelques hommes revêtus d'un pouvoir sans contrôle,
n'abusent pas de leur puissance.*

En juillet 1830, des ordonnances illégales soumettent à la censure
toute la presse et suppriment la discussion des affaires publiques ; c'est
le signal d'une révolution. La population éclairée des provinces s'agite
et s'inquiète. Elle réclame l'exécution de la Charte. A Paris, le peuple
combat pendant trois jours les troupes royales ; Charles X est détrôné
et forcé de quitter la France (1).

Au mois d'août suivant, le prince Louis-Philippe d'Orléans est proclamé roi. Un gouvernement représentatif est réorganisé ; la liberté de la discussion et celle de la presse sont de nouveau réglementées.

Cependant dès l'année 1831, un ancien magistrat dont nous pouvons invoquer l'autorité, M. de Tocqueville, qui est aussi l'un des plus grands observateurs des temps modernes, écrivait ce qui suit : *En France le régime de la loi est proclamé, mais l'arbitraire se réfugie dans l'exécution* (Mélanges, p. 284).

Si M. de Tocqueville disait vrai, il reconnaissait une triste vérité. Rien n'est plus redoutable que l'arbitraire et rien n'est plus contagieux dans un pays. Quand des ministres dépourvus d'impartialité font de l'arbitraire, les tribunaux et les membres de l'administration en font également ; les maires marchent sur leurs traces, et les gardes-champêtres ne traitent plus de la même sorte les amis et les ennemis du pouvoir. Le progrès de la civilisation, c'est le progrès de l'éducation des bonnes mœurs de la justice. Il n'y a de progrès véritable qu'autant que chaque ordre et chaque homme de bonne conduite peut avec sécurité, vivre dans la société, sous la protection des lois, et à l'abri des vexations.

Un pouvoir arbitraire peut, dans bien des circonstances, être notre ennemi ou l'ami de notre adversaire.

A quoi servirait au père de famille de travailler avec ardeur et probité, de manger avec économie son pain quotidien, si un pouvoir arbitraire pouvait le dépouiller en un instant des épargnes réservées pour sa vieillesse et pour les siens ?

A quoi servirait à la mère de donner à sa fille les principes de l'honnêteté et de la vertu, si le pouvoir pouvait un jour la priver arbitrairement de son honneur ?

A quoi servirait au fils de famille l'application au travail ou à l'étude, si le pouvoir pouvait un jour le priver arbitrairement de sa liberté civile ?

M. le Garde des Sceaux avait donc mille fois raison de faire entendre au Corps législatif, les paroles suivantes, dans la séance du 7 février 1870 :

« On nous dit que l'arbitraire est le pire fléau dans un État ; qu'il « faut une loi la même pour tous ; que les expédients sont incompa- « tibles avec la liberté... Et ce langage est vrai. »

En 1848, l'opinion réclamait encore des réformes, l'extension des droits politiques, surtout l'adjonction des capacités. Une manifestation préparée par l'opposition devint l'occasion d'une nouvelle révolution. Le roi, dont les fils intelligents commandaient notre marine et notre armée, fut inopinément renversé le 24 février. Une République fut proclamée. Le 2 décembre 1851, l'Assemblée législative fut dissoute.

En janvier suivant, une nouvelle constitution fut donnée, et le 2 décembre 1852, Napoléon devenait empereur des Français; quelle rapidité dans les événements !

L'inquiétude causée par les menaces du socialisme et les divisions des conservateurs, avaient créé chez nous une situation qui peut expliquer l'accueil fait par la nation au coup d'État de 1851, et à l'Empire de 1852. Mais dans les premières années, le régime impérial était beaucoup trop personnel et trop peu libéral; c'était une dictature. Il fallait avoir une confiance aveugle dans le génie des Bonaparte, trouver bien tout ce que faisait l'Empereur; toute résistance à la volonté du chef de l'État paraissait coupable. Ce principe si sage que le mérite et la capacité sont les seuls titres pour les emplois publics, était remplacé par un principe faux, savoir : que le dévouement personnel et absolu au prince peut être la règle de l'admission et de l'avancement dans les fonctions publiques.

Par le décret du 17 février 1852, la responsabilité des fonctionnaires dévoués était considérablement réduite. Les gouvernés perdaient en quelque sorte la faculté de se plaindre, ou tout au moins ils n'avaient plus la faculté de faire la preuve par témoins des faits blâmables imputés aux fonctionnaires. A la place du jury les tribunaux correctionnels devenaient compétents; ce décret renfermait un germe vicieux, contraire anx traditions dont nous avons parlé, et à la sûreté publique; l'histoire perdait ainsi sur la vie publique des fonctionnaires ses droits les plus utiles.

Un autre décret du 16 mars 1852, modifiait dans ses dispositions essentielles le serment que prêtaient précédemment les membres de la légion d'honneur. Les membres nouveaux devaient jurer fidélité à l'empereur, à l'honneur et à la patrie, mais ils ne juraient plus de se dévouer à la défense des lois et au respect de la justice.

Quand un gouvernement n'est pas dirigé par le respect des nécessités sociales, par de grandes pensées morales, les lois au lieu de progresser, rétrogradent ; c'est ce qui est arrivé chez nous toutes les fois que les libertés nécessaires ont disparu.

Dès 1866, un très-illustre historien, M. Thiers, que la confiance de l'Assemblée a depuis appelé à la présidence de la République disait au Corps législatif : « Messieurs, les deux buts de la Révolution fran- « çaise ont été : le premier, d'établir l'égalité devant la loi ; le second « de rendre la France libre. »

L'empereur Napoléon III reconnaissant trop tard qu'il s'était trompé a fait subir à son gouvernement de profondes modifications. Il a successivement versé des infusions de libéralisme dans la Constitution de 1852. Dès 1868, la loi sur la presse abandonnait le régime restrictif; elle permettait la publication des journaux et la discussion des affaires publiques ; aujourd'hui nous sommes presque revenus aux principes de 1819 dont nous avons parlé.

Le 1ᵉʳ janvier 1869, Napoléon III adressait à M. le Président de la Cour de cassation, ces paroles remarquables :

« Plus que jamais le sentiment de la justice doit pénétrer dans nos « mœurs, c'est la plus sûre garantie de la liberté. Dans notre organi- « sation judiciaire, la Cour de cassation est l'expression la plus élevée « de la justice. »

Si l'empereur faisait entendre ces paroles, c'est que de justes plaintes sur les nominations aux emplois publics, sur l'administration des finances et de l'armée, sur l'administration de la justice étaient arrivées jusqu'à lui. On sollicitait pour la sécurité de tous et de chacun des garanties qui n'existaient pas.

Au mois de juillet de la même année, cent seize députés demandaient la constitution d'un ministère responsable, et voici le texte d'une interpellation qui signalait chez nous un nouveau réveil de l'esprit public : « *Nous demandons à interpeller le gouvernement sur la nécessité de donner satisfaction au sentiment du pays en l'associant d'une manière plus efficace à la direction des affaires.* »

Nous savons à quel naufrage nous sommes arrivés depuis ! S'il y avait eu dans les mœurs plus de régularité, dans les élections moins d'abstentions, si les citoyens éclairés s'étaient associés plus tôt à la direction des affaires publiques, peut-être eussions-nous évité les désastres qui nous accablent !

Quels qu'aient été nos malheurs, il ne faut pas désespérer de l'avenir. *Les nations* (dit M. l'avocat-général de la Diryais dans le discours déjà cité) *peuvent comme les individus être éprouvées par l'infortune, mais si elles savent la supporter avec dignité, et comprendre les enseignements qu'elle renferme pour elles, elles en sortent plus grandes parce qu'elles en sortent moins présomptueuses et plus sages.*

Nous sommes complétement de l'avis de l'honorable orateur : avec un bon gouvernement, de bonnes mœurs, avec le respect non-seulement des lois civiles, mais des lois éternelles descendues d'en haut, la France peut retrouver encore des jours de bonheur !

V.

Entraîné par des considérations politiques qui nous ont paru nécessaires, nous avons laissé en arrière des faits judiciaires importants et nous sommes obligés de revenir un peu sur nos pas. Dès le 27 juin 1845, la Cour de cassation rendait un arrêt qui paraît modifier le système judiciaire de l'an VIII, et restreindre considérablement les droits et les intérêts individuels les plus précieux.

Voici l'énoncé de l'arrêt donné par Dalloz (*Recueil périodique,* année 1845, Ire partie, pag. 280; *affaire Wehrung*) : « Il n'appartient « qu'à M. le Procureur général près la Cour de cassation, de se pour- « voir contre un jugement dans l'intérêt de la loi. Par suite, un sem- « blable pourvoi, formé par le ministère public siégeant près le tribu- « nal qui a rendu le jugement, est nul. »

Ce qui fait la grande importance de cet arrêt, c'est l'usage et la jurisprudence qui se sont accrédités peu à peu dans tous les parquets par suite de l'énoncé qui précède. Les justiciables n'ont plus de droit, si entre eux et l'exercice de ce droit se place une barrière presque infranchissable.

Le monopole de M. le Procureur général à la Cour de cassation une fois admis, les parquets de province ne peuvent plus écouter les do-léances. Ce monopole excessif ne pourrait-il devenir un moyen de réduire à l'état de lettre morte le principe fondamental de l'égalité devant la loi ?

Si en 1845 la Cour suprême s'était bornée à dire que les *maires et les adjoints* ne pourraient former un pourvoi dans l'intérêt de la loi, elle eût répondu à la question posée. Mais en se privant à la fois du con-cours de tous les hommes éclairés qui forment les parquets de France, la Cour de cassation n'a-t-elle pas écarté en réalité l'application d'un principe justement admis par nos législateurs ? N'a-t-elle pas trop oublié que les erreurs judiciaires ou les mesures illégales ne sont pas rares ?

En 1862, lorsqu'existaient dans la magistrature les deux méthodes dont nous allons bientôt parler, on proposait une loi réduisant à deux mois le délai de trois mois qu'avaient depuis longtemps les justi-ciables pour se pourvoir en cassation. La Cour de Cassation con-sultée à ce sujet disait, il est vrai, *que le délai de trois mois n'était pas trop long.* Elle comprenait que le délai le plus utile et le plus pré-cieux était le troisième mois. En effet pour former un pourvoi en cas-sation il faut obtenir à Paris l'avis motivé d'un ou de plusieurs avocats au Conseil d'État et à la Cour de Cassation ; quoi qu'il en soit, par la loi du 2 juin 1862, le délai du pourvoi a été réduit à deux mois.

Nos savants maîtres nous ont toujours répété que les constitutions et les lois de *procédure doivent être protectrices du droit ; quand elles pren-nent un autre caractère, quand elles protégent l'arbitraire ou les abus d'au-torité, elles deviennent dangereuses pour le pays* (15).

A l'audience solennelle de rentrée de la Cour de Bourges, le 4 no-vembre 1861, M. le Premier Président Corbin prenait la parole. Parmi les devoirs des Magistrats, il plaçait « le zèle fervent du bien public, les intérêts des justiciables; » il rappelait l'importance du serment professionnel, qui contient de la part du juge *une promesse sacrée de se conduire en tout comme un digne et loyal magistrat*, il disait : *La foi jurée et de belles traditions nous obligent.*

A la même audience M. l'avocat-général Bardon retraçait aux Magistrats les obligations de leur état et il disait : *Le travail est l'inflexible loi de leur ministère. Il serait commode d'emprunter aux positions de la magistrature, le rang, la considération que donne leur dignité, d'y rencontrer un appoint pour les facilités de la vie, et de consacrer aux choses extérieures, aux plaisirs du monde, à tous les goûts personnels, le temps qui ne serait pas réclamé par les réglements...* Nos fonctions ne se prêtent point à de semblables calculs..., etc.

A la même occasion, M. l'avocat-général constatait en France l'existence de deux courants ou de deux méthodes dans l'ordre judiciaire. *Dans une certaine méthode*, disait-il, *c'est le sentiment individuel bien plus que la loi qui règle les jugements, la justice devient une œuvre d'équité personnelle, d'expédient, d'approximation, de convenance, le droit prend la mesure de l'homme, l'arbitraire règne, l'arbitraire si cher à notre orgueil, bien que nous sachions trouver contre lui la protestation des siècles.*

Ah ! s'il existait encore en France un seul arrondissement où l'arbitraire fût la règle, il faudrait quitter comme une terre étrangère ce pays déshérité !

M. l'avocat-généra Bardon parlait à la même audience de la seconde méthode, de la méthode autoritaire et il affirmait : *Que la magistrature doit mettre son honneur et son devoir à connaître les lois et à juger en droit* (16).

En 1865, M. Poulizac, avocat-général à la cour de Rennes, prononçait à l'audience solennelle de rentrée un discours sur l'équité judiciaire, et il disait : *Cette loi que l'on viole, elle était un droit acquis à l'une des parties. Enlever arbitrairement à cette partie ce droit qu'elle tient de la loi, ne serait-ce pas commettre une véritable iniquité ? Quels sévères reproches vous adresserait votre conscience, quels cruels remords éprouveriez-vous, si vous faisiez ainsi gagner son procès à celui qui devait le perdre ?*

Au point de vue social, pour qu'un jugement soit inique il n'est donc pas nécessaire qu'il contienne une contradiction choquante comme le jugement de l'apologue que nous avons commenté d'abord, il suffit que la loi soit diamétralement violée ; que le tribunal fasse gagner son procès à celui qui devait le perdre, cela est certain.

Au point de vue de la justice absolue nous dirons: « Faisons à autrui ce que nous voulons qu'on nous fasse ; ne faisons jamais à autrui ce que nous ne voulons pas qu'on nous fasse ! »

En 1869, un honorable conseiller à la Cour d'Appel d'Angers

M. Poitou, publiait un ouvrage sur la liberté civile ; entre vingt passages qui nous ont frappé, nous avons remarqué les suivants :

« Ce qui n'est pas rare, ce sont les mesures illégales, les procédés « arbitraires, ce sont les atteintes au droit, à la propriété, à la liberté « individuelle par des agents qu'anime un zèle excessif ou qu'aveugle « le sentiment trop absolu de l'autorité qu'ils exercent. » (Page 208 *du Pouvoir administratif.*)

Ailleurs : « Que me fait l'égalité si vous n'avez à m'offrir que l'éga- « lité dans la servitude ? m'importe-t-il beaucoup que la nation soit « souveraine, si moi citoyen, je suis esclave ? »

Ailleurs : « Qui donc est plus tenu de respecter les lois que ceux « qui sont chargés d'en imposer le respect aux autres ? » Et plus loin : « Il fallait crier à la première injustice, il fallait faire obstacle à ces « usurpations de pouvoir qui sont un outrage au droit et une menace « perpétuelle à la liberté de tous. »

Le 21 mars 1870 (peu de temps avant la chute de l'Empire), M. Glandaz, président de la haute cour de justice, disait à l'ouverture du célèbre procès de Tours :

« Il y a en France un sentiment plus jaloux que celui de la liberté, « c'est le sentiment d'égalité devant la loi. »

Dans une pétition adressée par elle à l'Assemblée nationale au mois de février 1871, la Cour d'Angers disait aux représentants du pays :

« Dans l'accomplissement de la mission que la France vous a con- « fiée, l'un de vos premiers soins sera de rétablir *l'exécution des lois,* « *de réparer les erreurs et les injustices.* »

Lors de la discussion de la loi organique départementale M. Delacombe disait à l'Assemblée dans la séance du 28 juin 1871 :

« Oui, Messieurs, il faut que dans notre pays chacun sente égale- « ment qu'il est responsable des droits de tous. Il faut qu'on puisse « dire : lorsque la liberté d'un citoyen est injustement atteinte, c'est « la liberté de la nation tout entière qui est mise en péril. »

Au mois d'octobre même année, M. Casimir Périer, alors ministre, écrivait aux préfets : « La forme actuelle du gouvernement exige plus « que tout autre le respect absolu des lois. La liberté civile ne « peut être assurée que par la soumission de tous à la règle com- « mune. »

Cette phrase doit rester vraie quelle que soit la forme du gouvernement.

Sous tous les gouvernements la raison des jugements ou des arrêts doit être donnée. « *Il est de droit naturel que celui à qui il est défendu de se faire justice connaisse la raison sociale de la justice qui lui est faite par les juges* » (Discours de rentrée, Cour d'Aix, 4 novembre 1872).

Le 3 novembre 1871, M. le Procureur-général près la Cour d'Appel d'Angers embrasé lui-même par le feu du patriotisme qu'il voulait inspirer aux autres, disait à l'audience de rentrée :

« Le feu du patriotisme doit être entretenu chez tous, par l'esprit « de justice, de vérité et de conservation... Les Magistrats doivent « être animés au plus haut degré de l'esprit de conservation ; ils n'ont « pas le droit de *créer la loi*, mais simplement le devoir de la faire ob- « server. Elle est entre leurs mains un dépôt que leur conscience doit « scruter pour s'éclairer, mais que leur vénération doit garantir. »

Il faut que ces idées triomphent ou la France est perdue ; nous insistons sur ces pensées justes et morales qui résument le véritable esprit judiciaire. Ces pensées solennellement exprimées, doivent exercer un ascendant considérable sur l'esprit de nos législateurs et sur l'opinion publique. Nous aimons à croire qu'elles sont les idées du gouvernement et de la majorité de la France.

Améliorations à opérer.

Nous arrivons en 1872, aux mois de février et de mai ; l'Assemblée nationale discutait des projets de loi très-importants, nous voulons parler des projets sur le mode de nomination et sur la capacité des Magistrats. Les questions qui ont été touchées sont encore palpitantes d'intérêt, le gouvernement daignera sans doute se rappeler qu'une grande nation ne peut se contenter de lois insuffisantes.

M. Bérenger, député, disait dans la séance du 23 février 1872 : « L'un des avantages des époques de sage liberté, devrait être de « prendre les lois une à une, de rechercher ce qu'elles ont de bon « et de le conserver, de rechercher ce qu'elles ont de mauvais et de « l'écarter. »

L'Assemblée nationale a effectivement recherché l'état général des idées sur les questions qui lui étaient soumises. Elle a reconnu qu'elle avait à se préoccuper de l'intérêt public et non des intérêts particuliers de l'ordre judiciaire ; elle a reconnu même qu'on ne peut améliorer qu'à la condition de froisser certaines susceptibilités. Nous avons suivi les discussions préparatoires de cette loi avec l'attention qu'elles méritent ; l'ensemble de la discussion nous a démontré qu'il se trouve à tous les degrés dans l'ordre judiciaire des hommes de cœur et de générosité, des hommes capables, intègres, dévoués au bien public, dignes en un mot de notre vénération et de notre amour. Cette discussion nous a démontré aussi qu'il y a des magistrats moins capables, moins dévoués au bien public, et dans l'usage un certain nombre d'abus qu'il importe de faire disparaître. Taire les abus ce n'est pas les guérir, souvent c'est les laisser s'étendre et devenir mortels.

Nous ne pouvons ici rendre compte de tous les discours prononcés (ces discours se trouvent au *Journal Officiel* des 9, 10, 21, 22, 23, 24, 25, 26 février, 2 mars, 6, 8 et 10 mai 1872). Nous allons jeter un coup d'œil rapide sur les faits qui nous ont paru les plus saillants.

Le 9 février, un représentant très-expérimenté, disait à l'Assemblée : « *Il est de tradition que lorsqu'un magistrat s'est montré peu capable ou insuffisant dans les fonctions du Parquet, on le verse dans la magistrature assise, cela s'est fait de tout temps.* »

Que cet abus soit politique ou judiciaire, c'est un abus grave et un danger social. On devrait à l'avenir écarter cette tradition.

Le 20 février, un autre représentant rendait compte d'une brochure dédiée à Napoléon III, non pas par un écrivain peu autorisé, mais par un honorable conseiller à la cour de Lyon. Parlant de la composition de la magistrature sous l'Empire, ce représentant disait : Sur cent nominations faites, il y avait :

> 40 bons choix ;
> 40 choix médiocres ;
> 20 mauvais choix.

Et il ajoutait : Une réforme est donc nécessaire ; nous sommes tous d'accord sur ce point.

L'assemblée n'a pas demandé et nous ne demandons pas que l'ordre judiciaire soit de nouveau mis en vacances indéfinies.

Toutefois ces aveux qui n'ont pas été contestés, dénotent à la fin de l'Empire une composition anormale, une composition qui ne donnait pas aux justiciables des éléments suffisants de sécurité. De mauvais magistrats peuvent donner de mauvais conseils, de mauvais exemples, et rendre ou confirmer de mauvais jugements. On a trop parlé peut-être de l'indépendance de la magistrature ; on n'a pas assez parlé de l'autorité de la loi et de la sécurité des justiciables.

Dans un ordre aussi élevé que l'ordre judiciaire il ne doit y avoir que de bons choix. Le gouvernement n'a pas d'intérêt à choisir de mauvais magistrats quand même ils lui seraient personnellement dévoués ; son intérêt véritable, c'est d'être juste, c'est comme nous l'avons dit : de respecter le principe de l'égalité civile, c'est de nommer les plus dignes et les plus capables. Le pays aime et respecte les bons magistrats ; il redoute les mauvais.

Le 22 février, un autre représentant parlait à l'Assemblée « des « petits tribunaux d'arrondissement où la magistrature n'a pas de tra-« vail, où les facultés au lieu de se développer s'émoussent et s'é-« teignent. »

Dans la séance du 7 mai, un représentant disait : « Il faut bien « reconnaître combien certains magistrats sous le rapport de la science, « du talent, du savoir, sont au-dessous de la haute mission qui leur « est confiée. »

Nous laissons de côté quelques autres plaintes. En parlant de ces abus dans l'ordre judiciaire, des membres de l'Assemblée dévoués au bien public, ont compris qu'il fallait empêcher pour l'avenir de pareils malheurs.

La discussion de ce projet de loi a été interrompue au mois de mai 1872 ; la majorité de l'Assemblée a renvoyé à la commission un projet qui lui paraissait insuffisant. Cette commission ne perdra pas de vue un projet qu'elle peut encore améliorer.

Nous n'avons pas vu ce qui s'est passé sous le ministère du 4 septembre. Plusieurs journaux ont parlé, surtout dans les Parquets, de nominations toutes politiques et d'avancements peu mérités.

Le *Paris-Journal* a dit ce qui suit : « On a conservé dans leurs « siéges depuis le 4 septembre, des magistrats d'une incapacité no- « toire, d'autres ont été simplement déplacés, quelques-uns dont le « maintien dans les Parquets n'était pas possible ont reçu en échange « des places de juge ou de conseiller » (17).

Dans la séance du 4 mai 1871, l'honorable M. Dufaure prononçait à l'Assemblée nationale des paroles que ses successeurs ne devront pas oublier ; ces paroles suffiraient à notre avis pour immortaliser son nom :

« Messieurs, disait-il, je ne me pardonnerais jamais d'avoir donné « au plus petit canton de France un magistrat indigne. »

Nous nous plaisons à reconnaître les généreux efforts tentés pour améliorer la situation par l'éminent jurisconsulte qui a dirigé jusqu'au mois de mai 1873, le ministère de la justice. Un décret ré- cent du 30 mai 1873, a d'un seul coup remplacé cinq procureurs géné- raux choisis après le 4 septembre. Il reste encore à faire des améliora- tions législatives (18).

La politique et la justice doivent chez nous se donner la main. La loi sur la magistrature tout en assurant la capacité, l'indépendance politique de l'ordre judiciaire, doit assurer autant que possible la sécurité des individus, la réparation des erreurs et des abus de pou- voir.

Nous désirons arriver à des améliorations pratiques et précises, nous allons rechercher rapidement les moyens de rendre à l'avenir beaucoup plus rares les erreurs judiciaires ou les abus de pouvoir, et les moyens de réparer ces erreurs.

Exiger de ceux qui voudront entrer dans la magistrature le grade de *docteur en droit*, c'est une sage mesure.

Arrêter le népotisme en décidant que la magistrature ne fera plus *seule* la proposition des candidats.

Supprimer le favoritisme en diminuant l'omnipotence du gouverne- ment dans la nomination des magistrats.

Ce sont des mesures pratiques d'intérêt général qui sans doute seront prises. Les discussions préparatoires de la loi nous autorisent à l'espérer. Mais cela ne suffit pas, c'est une *nécessité sociale* (surtout depuis que le délai du pourvoi en cassation a été réduit à deux mois), c'est une véritable nécessité sociale de revenir aux principes conservateurs et spiritualistes de la loi du 27 ventôse an VIII, de revenir à l'application plus large et plus facile de l'article 88 déjà cité. Il ne suffit pas de dire que la constitution garantit nos droits civils, notre liberté civile, il faut qu'elle les garantisse en réalité, et que l'on sache par quels moyens elle entend les garantir à l'avenir.

L'article 88 de la loi de l'an VIII ne contenait pas une règle étroite ; c'était une règle élevée, généreuse, conforme aux principes sociaux, à la morale publique et à la justice éternelle. Il ne s'agissait pas d'accorder une faveur, mais de réparer une injustice, quand l'injustice serait démontrée. Quand les lois ont été diamétralement violées, la question de droit et de conscience reste entière ; l'article 88 organisait donc en matière civile, la véritable théorie judiciaire (19).

Les justiciables ne reçoivent plus dans les provinces les envoyés du prince ; et c'est un malheur ! Il est nécessaire d'établir dans la loi future, que les Parquets des Cours d'appel seront à l'avenir les auxiliaires de M. le Procureur général à la Cour de cassation, dans l'intérêt de la loi ; ou d'envoyer chaque année dans les Cours d'appel un délégué de la Cour de cassation.

Messieurs les Procureurs généraux sont à la portée des justiciables ; ils peuvent par leur bienveillance calmer les victimes des erreurs judiciaires. Ils doivent être comme M. le Procureur général à la Cour de cassation, les défenseurs de la constitution, les soldats intègres et courageux de la liberté civile et des lois. Ces améliorations fondamentales opérées, la magistrature sera bénie de tous ; l'enseignement et les bons exemples doivent venir d'en haut. Quand l'autorité politique, administrative ou judiciaire s'efforcera sincèrement de réparer les erreurs ou les abus de pouvoir, les classes inférieures seront plus disposées à en faire autant. C'est à ces conditions qu'on peut retremper les âmes, remettre en honneur les hautes études, la vertu et le respect des lois ; faire de la régénération du pays une heureuse réalité.

Qu'on ne dise pas que nous allons ébranler le respect que mérite l'autorité de la chose jugée ; que nous voulons établir l'égalité entre les justiciables et les juges.

Nous soutenons seulement comme tous les puissants maîtres dont nous avons invoqué l'autorité, que les décisions des tribunaux et des Cours n'acquièrent et ne doivent conserver une autorité véritable, qu'autant que les lois ont été connues et appliquées. C'est ce qu'écrivait en 1867 à propos de la loi sur la révision des procès correctionnels M. Ortolan, l'un des savants professeurs de la Faculté de droit de Paris. Qu'on ne dise pas que nos lois sont trop nombreuses, qu'il faut la vie d'un homme pour les parcourir ! Le célèbre président Bouhier pourrait répondre comme autrefois : *Si les juges ne se sentaient pas assez de force pour surmonter des difficultés qui n'ont pas arrêté quantité de grands personnages, rien ne les obligeait à se charger d'un fardeau qu'ils ne pouvaient porter et à s'exposer au danger de rendre des jugements iniques. S'ils ont cru se distinguer des autres hommes en prenant des emplois dont le titre est honorable, ils se sont lourdement trompés, car rien ne déshonore plus que d'exercer une fonction qu'on est incapable de bien faire.* (Préface des *Observations sur la Coutume de Bourgogne*, page 1ʳᵉ.)

Qu'on ne dise pas que la science et les vertus des tribunaux illustres peuvent établir une compensation avec les erreurs ou les oublis de quelques autres tribunaux !

Ce serait souverainement contraire à la justice et à la logique. Après deux mois la justice doit avoir encore le courage d'envisager les mauvais jugements et l'énergie de les réparer. La justice est la volonté constante et perpétuelle de rendre à chacun ce qui lui appartient.

L'injustice s'accroît avec le temps ; elle devient plus grande, chaque fois qu'elle produit de nouvelles conséquences. Les conséquences tantôt immédiates, tantôt éloignées d'une ou plusieurs injustices, les conséquences surtout d'un mauvais système, sont toujours incalculables. La nécessité de réparer les erreurs démontrées va toujours en augmentant.

Ces vérités nous paraissent jaillir des citations précises, graves, concordantes et trop nombreuses peut-être, que nous avons faites précédemment.

Aperçus politiques.

Il nous reste à dire un mot de la politique. Nous n'aimons pas en France la politique qui a été préconisée par Machiavel ; nous n'aimons ni l'astuce, ni la ruse, ni le despotisme en haut, ni la servitude en bas, et réciproquement ; l'un et l'autre nous paraissent contraires à l'essence de notre nature.

Les despotes n'aiment que la flatterie ; ils ne reconnaissent d'autre règle que leur volonté, « ils s'imaginent, comme l'a dit Fénelon, qu'on « n'est pas zélé pour leur service, et qu'on n'aime pas l'autorité dès « qu'on n'a pas l'âme servile, dès qu'on n'est pas prêt à les flatter « dans l'usage le plus abusif et le plus injuste de leur puissance. « Toute parole libre et généreuse leur paraît hautaine, critique et séditieuse. » Le despotisme est un pouvoir immoral qui ne peut qu'avilir les caractères. La servitude tend à détruire les efforts et les sentiments généreux, elle peut à la longue obscurcir la distinction du bien et du mal et confondre l'action la plus coupable avec l'obéissance sainement entendue.

Le gouvernement constitutionnel a pour règle une charte, ou une constitution votée par les représentants du pays. Cette constitution sage est le fondement de toutes les autres lois, c'est le retour au droit véritable.

Ce gouvernement peut s'appeler Monarchie, Empire ou République conservatrice. Sous tout gouvernement honnête, les plus hauts dignitaires, comme les simples citoyens sont obligés à l'observation des lois, à tous les devoirs de la justice et de la véritable morale, cette réciprocité de devoirs produit, comme nous l'avons dit déjà, une réciprocité de dévouement et d'affection.

Après la démission de M. Thiers, M. le maréchal Mac-Mahon vient d'être appelé pacifiquement à la présidence de la République.

Dans sa lettre à l'Assemblée nationale, du 25 mai, il a fait un appel au concours patriotique de tous, il a dit notamment :

« Avec l'aide de Dieu, le dévouement de notre armée *qui sera tou-*
« *jours l'armée de la loi,* avec l'appui des honnêtes gens, nous conti-
« nuerons le rétablissement de *l'ordre moral* dans notre pays. Nous
« maintiendrons les principes sur lesquels repose la société.... »

Dans un autre discours du 5 juin adressé aux représentants de la presse conservatrice, M. le Président de la République a dit encore :
« A l'intérieur notre but est de faire respecter les lois. »

Les vœux de l'illustre maréchal sont aussi les nôtres ! Puissent-ils être accomplis !

Moralité.

Nous allons emprunter encore à M. l'avocat général Vetelay un passage remarquable du discours, qu'il prononçait à la Cour de Limoges le 4 novembre dernier, sur l'importance des mœurs :

« La vertu et les mœurs, disait ce magistrat, constituent le fonde-
« ment et la prospérité des familles, et sont la seule base de la prospé-
« rité des nations. Seules, elles engendrent dans les sociétés comme
« dans les individus, le vrai courage, la patience, la réflexion, la pru-
« dence, la force nécessaire, pour supporter la mauvaise fortune, le
« bon sens supérieur qui permet de n'être pas ébloui par le succès.
« Elles donnent la constance, permettent les plus laborieux efforts,
« et servent de solides assises aux calculs des hommes d'État. »

Nous indiquerons trois conséquences morales qui nous paraissent découler tout naturellement, tant de l'apologue de La Fontaine, que des considérations politiques et judiciaires auxquelles nous nous sommes livrés.

PREMIÈRE CONSÉQUENCE.

Il y a toujours eu des calomniateurs, il y en aura toujours. L'injuscice de la méchanceté, c'est de s'attaquer tantôt à la propriété, tantôt à la réputation d'autrui. Quand la calomnie se produit sous forme de faux témoignage, pour arriver à une usurpation, quelque minime qu'elle soit, la calomnie devient une iniquité criante.

La méchanceté peut encore obtenir d'un tribunal un jugement contraire à la vérité absolue, et contraire aux lois. Mais bien qu'il y ait un jugement en dernier ressort, ou un délai de pourvoi expiré, tout n'est pas fini ; la justice dans ce qu'elle a de plus élevé n'est pas satisfaite. La justice véritable émane de Dieu et la justice humaine n'en est qu'un reflet.

Celui qu'une passion coupable a fait agir comme le Loup de notre apologue, expie quelquefois par des inquiétudes, et par des regrets multipliés, le succès obtenu par la supercherie. S'il revient à la vérité (et jusqu'à la mort c'est un devoir impérieux de revenir à la vérité), il est obligé de réparer tous les torts faits à son semblable, soit dans sa propriété, soit dans son honneur. Quand les fautes ne sont pas réparées sur la terre, elles sont dans l'autre vie l'objet de la justice éternelle à qui rien n'échappe.

Heureux celui qui après avoir ressenti les mauvais instincts du Loup retrouve un jour les sentiments d'un homme juste et bon.

DEUXIÈME CONSÉQUENCE.

Dans notre vie à tous il y a deux parts, l'une qui vient de la nature, l'autre qui nous vient des circonstances ou des événéments extérieurs. Supportons sans murmurer les souffrances qui nous viennent de la nature et les misères inséparables de la vie qui a bien aussi des espérances. Mais conservons à la liberté civile ses légitimes susceptibilités. Si par suite des imperfections législatives ou judiciaires, l'homme ne pouvait s'occuper que de la terre, du mur ou du fossé mitoyen, si l'homme ne pouvait plus défendre son honneur et sa liberté civile, les lois, les traditions les plus respectables, les grands exemples de vertu perdraient leur salutaire empire, la société retomberait dans un affreux chaos.

Celui qui est attaqué injustement doit soutenir la lutte contre la calomnie. Il doit compter sur l'ordre judiciaire ; s'il est victime de sa confiance dans les juges, si les lois sont violées, il peut comme le Christ pardonner à ses accusateurs et à ses juges, notre code admirable prescrit le pardon des injures. Mais ce pardon généreux ne dispense pas les coupables de la réparation.

La victime de l'erreur ne doit abandonner son âme ni au découragement, ni au fatalisme stupide qui dit que tout ce qui arrive devait arriver. La vie est un combat; et dans les plus rudes épreuves celui qui souffre doit conserver une résignation courageuse et l'espoir d'une vie meilleure. Nous sommes loin d'approuver le suicide de ce vice-bailli d'Alençon, dont nous avons, après M. le duc de Saint-Simon, rapporté l'histoire.

TROISIÈME CONSÉQUENCE.

Il n'y a pas d'homme dans le monde qui, par la loi commune de la charité, ne doive à ses semblables de bons exemples. Cependant les uns sont plus obligés que les autres à l'accomplissement de cette loi.

Les mœurs privées ont d'autant plus d'influence sur les mœurs publiques, que la profession de la personne est plus élevée dans la société. Ainsi les mœurs d'un monarque ou d'un haut dignitaire, sont par l'exemple essentiellement conservatrices ou corruptrices des mœurs publiques. Les législateurs, les membres de l'ordre administratif et de l'ordre judiciaire exercent une espèce de sacerdoce établi pour le bien de la société; ils doivent plus que les simples particuliers, avoir la volonté constante de rendre et de faire rendre à chacun ce qui lui appartient.

Résumé et Conclusion.

Nous ne voulons tomber ni dans l'inaction ni dans l'indifférence; nous ne faisons pas de personnalités, nous ne voulons blesser personne, mais nous affirmons hautement que la justice est la première dette de la souveraineté, quelle qu'elle soit. Nous affirmons qu'il faut restaurer chez nous l'ordre moral et l'ordre intellectuel; nous affirmons que le projet sur les améliorations judiciaires ne peut être longtemps ajourné sans de très-sérieux inconvénients pour l'individu, pour la famille et pour la société, quelle que soit la forme définitive du gouvernement que nous devons choisir; c'est loin de l'arbitraire, c'est sous le régime de l'obéissance aux lois et d'une sage liberté que nous désirons vivre.

Nous rappelons ce qu'ont pensé Charlemagne et Henri IV, Daguesseau, Montesquieu, Dumoulin, Omer Talon et le président Bouhier; ce qu'ont pensé dans des temps plus rapprochés de nous, Mirabeau, Portalis, le président d'Ormesson, le célèbre Pothier, Casimir Périer, des membres distingués de l'Assemblée nationale.... Nous aimons de tout notre cœur ce qu'ils ont aimé. Nous avons répété ce qu'ils ont dit parce que notre humble personne ne pouvait aussi bien dire.

Nous croyons pouvoir aujourd'hui compter dans nos rangs de sages législateurs d'illustres magistrats, de savants avocats, des maîtres de la jeunesse à tous les degrés, de nombreux citoyens dévoués au bien public.

Nous aurons peut-être en face de nous quelques partisans du paradoxe, des sensualistes, des sceptiques, ceux qui cherchent à entraîner les hommes dans les voies de l'absolutisme, de l'arbitraire et de la morale indépendante. Nous avons essayé de faire briller à tous les yeux la lumière et les vrais principes. Aux hommes de bonne volonté nous tendons fraternellement la main.

Avons-nous suffisamment établi les mouvements politiques et judiciaires des trois derniers siècles? En avons-nous fait découler la nécessité sociale de la liberté civile de l'égalité devant la loi? En avons-nous fait découler la nécessité sociale de réparer les erreurs judiciaires et les erreurs privées? Avons-nous donné à la thèse de La Fontaine toute la solidité d'une démonstration irréfragable? Nous n'osons nous en flatter. Mais nous espérons que d'autres voudront bien nous compléter ou nous rectifier.

Nous nous sommes tenus dans la région élevée des principes et de l'histoire. Si nous pouvions inspirer à ceux qui ne l'auraient pas, l'amour du devoir, le goût de la justice, de la charité, de la modération dans les désirs de tous les sentiments qui nous rapprochent de notre auteur, et qui nous rapprochent aussi les uns des autres? Si nous pouvions faire introduire dans nos mœurs et dans nos lois quelques amélirations réelles, si nous pouvions assurer à nos enfants et à nos concitoyens des jours prospères et la sécurité du lendemain, nos méditations n'auraient pas été inutiles! Notre but serait rempli!

Angers (Maine-et-Loire), 1873.

NOTES EXPLICATIVES

***

(*Note* 1re). Voir les fables ci-après :

Le laboureur et ses enfants.
Le lion et le rat.
Le gland et la citrouille.
La perdrix et les coqs.
Les membres et l'estomac.
L'hospitalier, le solitaire et le juge.
L'âne et le chien.

(2) M. Beaune, avocat-général, a prononcé à l'audience solennelle de rentrée de la Cour d'Appel de Dijon, le 4 novembre 1872, un discours très-remarquable, sur le Paradoxe et ses funestes effets.

(3) Presque tous les journaux ont rendu compte d'une audience du 26 mai 1872. M. le procureur de la République, près le tribunal de Lyon a dit publiquement ce qui suit :

« On m'accuse de matérialisme, j'avoue que telle est ma conviction,
« résultat de mes études ; et je crois qu'on peut concilier le matéria-
« lisme avec la morale. »

Ce chef de Parquet a donné sa démission depuis.

Selon nous la véritable morale et le droit sont inconciliables avec le matérialisme. Le matérialisme ne peut se concilier qu'avec la morale indépendante ; c'est-à-dire indépendante de Dieu, indépendante de la raison, indépendante de la conscience, affranchie en un mot de toute espèce de règle ; nous aimons à croire que l'immense majorité de la Magistrature est de notre avis.

(4) Dans ses *Considérations sur les causes de la grandeur et de la décadence des Romains*, Montesquieu parle des effets de la servitude, il dit :

« Pendant que dura la tyrannie des décemvirs, on vit manifeste-
« ment à quel point l'agrandissement de Rome dépendait de sa liberté.
« L'État sembla avoir perdu l'âme qui la faisait mouvoir, il n'y eut
« plus dans la ville que *deux sortes de gens, ceux qui souffraient la servi-*

« *tude et ceux qui, pour leurs intérêts particuliers, cherchaient à la faire*
« *souffrir.* Les sénateurs se retirèrent de Rome comme d'une ville
« étrangère ; et les peuples voisins ne trouvèrent de résistance nulle
« part. »

(5) Socrate né à Athènes, avait une philosophie humble, tolé-
rante. Il avait deviné l'unité de Dieu et l'immortalité de l'âme. Con-
damné à mourir parce qu'il ne croyait pas à la religion de l'État et
parce qu'il instruisait la jeunesse à ne pas croire au paganisme, il but
la cigüe comme un breuvage ordinaire. Il mourut sans haine pour ses
persécuteurs, et rien n'annonce qu'aucun sentiment d'orgueil soit venu
altérer la pureté de ce sublime dévouement.

A propos de cette mort le philosophe Epictète fait les réflexions
suivantes :

« Si Socrate, dis-tu, se fût sauvé il aurait encore été utile aux
« hommes !

« Eh ! mon ami, ce que Socrate fit en refusant de se sauver, et en
« mourant pour la justice, nous est bien plus utile que tout ce
« qu'il aurait dit et fait, après s'être sauvé. » (*Maximes d'Epictète*,
n° 307.)

(6) Le chevalier d'Assas était capitaine au régiment d'Auvergne,
il sacrifia généreusement sa vie pour le devoir et pour ses semblables
dans la nuit du 30 octobre 1760.

Dans une garde avancée il fut surpris par l'ennemi. Le sort de l'armée française dépendait de son silence ou d'une résolution courageuse,
il n'hésita pas :

A moi d'Auvergne, s'écrie-t-il, ce sont les ennemis !! Il meurt frappé
de mille coups.

Sa mémoire est immortelle. Nous dirions volontiers de la mort de
ce vaillant capitaine ce qu'Epictète a dit de la mort de Socrate. Un
homme dévoué au devoir et à ses semblables devient un enseignement, il est plus ; les préceptes nous guident mais les exemples nous
entraînent !

(7) Nous ne pouvons passer sous silence les noms respectables
du président Molé et du président Lamoignon : Matthieu Molé était
président au Parlement de Paris.

« Le président Molé, dit M. de Barante, avait toutes les vertus, l'a-
« mour de la justice, le respect du droit, l'indépendance du juge, le
« *sentiment du devoir.* Il est resté le modèle du magistrat, le type de
« cet esprit parlementaire qui conciliait l'amour de l'ordre, le respect
« de l'autorité avec le *culte religieux* des lois. »

Guillaume de Lamoignon, premier président au Parlement de Paris en 1658, magistrat studieux et incorruptible, se fit une loi d'écouter les raisons des parties, et de lire leurs mémoires quelque longs et ennuyeux qu'ils pussent être. Ni les louanges ni les murmures ne purent jamais le détourner de son devoir et de l'application des lois.

M. de Lamoignon aurait voulu que Louis XIV donnât à la France avec une législation complète la liberté civile et l'égalité devant la loi. C'était un des magistrats supérieurs qui devançaient l'esprit du siècle et devinaient de salutaires réformes. Mais le moment n'était pas encore arrivé.

(8) Chaque année des fonctionnaires étaient envoyés pour inspecter les provinces, et rendre compte à l'empereur de ce qu'ils avaient vu ou appris (chap. *De Missis dominicis, des Envoyés du roi, passim*).

Charlemagne qui cherchait à propager la justice et les bonnes mœurs, propageait aussi l'instruction. Il appela les savants à la cour, il fit ouvrir des écoles et l'on aime à se rappeler la scène suivante :

Un jour qu'il visitait ces écoles, l'empereur se fit désigner par le maître les meilleurs élèves, et ceux dont on n'était pas satisfait. Il se trouva que ceux-ci étaient fils des grands de l'empire, tandis que les fils des autres citoyens étaient aux premiers rangs.

Faisant donc passer à sa droite les bons élèves, il leur promit les emplois et les dignités. « Pour vous, dit-il aux fils des grands, passez « à ma gauche, et sachez que vous n'aurez de moi, si vous ne vous « corrigez, ni abbayes, ni riches domaines ! »

(9) En présentant le président Favre au roi, le premier président du Parlement de Paris, s'exprimait ainsi : « Je puis assurer votre « majesté que M. le président Favre est le premier homme de l'Europe « pour notre profession, un magistrat incomparable et le plus grand « sujet de ce siècle. »

(10) Le trait suivant démontre qu'à cette époque (XVIIᵉ siècle) on comprenait déjà la nécessité des réparations d'honneur.

Reçu d'abord avocat, Dumoulin réussit mal dans la plaidoirie ; ce qui lui valut à l'audience de la part de M. le président, une apostrophe désobligeante, bientôt suivie d'une éclatante réparation. Fatigué de l'entendre M. de Thou lui dit un jour : « Taisez-vous, Maître Dumoulin, vous êtes un ignorant. »

L'ordre des avocats ressentit vivement cette injure. Il fut arrêté que le bâtonnier avec une députation irait se plaindre à M. le premier président. Admis à l'audience, le bâtonnier dit avec toute la gravité

du temps : « Vous avez offensé un homme plus savant que vous ne
« serez jamais. »

« Cela est vrai, dit avec autant de franchise que de modestie M. le
« président de Thou, j'ai eu tort, je ne connaissais pas tout le mérite
« de M. Charles Dumoulin. »

Le savant avocat se tint pour satisfait. Il se livra de nouveau au
travail avec ardeur, et devint un des jurisconsultes les plus illustres de
son temps , et l'un des plus dévoués au bien public.

(11) Nous prenons ici les mots *charité* et *bienveillance* dans leur
sens le plus large :

La *charité* (*charitas*), renferme non-seulement les sentiments d'affection, mais encore tous les actes qui en sont la manifestation, les bien-
faits, les secours, les conseils, la douceur, l'oubli des injures, la
crainte d'humilier et de contrister injustement nos semblables.

La *bienveillance* est « l'expression vraie du respect attentif de la di-
« gnité des autres, et jamais l'oubli de sa propre dignité.

« La bienveillance doit être considérée comme la principale obli-
« gation de ceux qui, à tous les degrés, détiennent une part quel-
« conque de l'autorité publique. Au point de vue social, elle peut pro-
« duire les plus heureux résultats; elle peut conduire à l'*apaisement*
« dont aujourd'hui nous avons un si grand besoin, et à la réconcilia-
« tion entre elles de toutes les classes de la société. »

(*Discours prononcé par M. Périvier, avocat-général*, à l'audience
solennelle de rentrée de la Cour de Poitiers, le 4 novembre 1872.)

(12) M. Laboulaye, membre de l'Institut et député à l'Assemblée nationale, a publié en 1863 *Paris en Amérique*. Voici ce qu'il dit dans le
chapitre du Dr Olybrius, page 375 :

« Le bonheur n'est pas dans les choses de la terre, mais dans la joie
« d'une bonne conscience.

« La vraie grandeur est celle de l'honnête homme qui s'élève par
« le travail et la vertu. Sois chrétien et citoyen. Pour surmonter
« l'égoïsme qui nous dévore, il y a deux forces invincibles, l'amour
« de Dieu et l'amour de la liberté. »

(13) Dans son *Histoire du droit*, M. Laferrière reconnaît quatre
grandes périodes dans la révolution accomplie de 1789 à 1804 : Première période, de 1789 à 1791. — Cette période a été marquée dans
la législation par le triomphe légal des principes spiritualistes. —
Liberté civile. — Égalité civile.

Deuxième période, de 1792 à 1795. — Assemblée législative et Con-
vention. — Cette seconde période a pour principe la souveraineté
absolue du peuple ; la force matérielle l'emporte et veut tout acca-

bler. Il y a avec la première période une contradiction évidente ; et ce principe faux ne pouvait pas durer.

Troisième période, de 1795 à 1800. La presse avait recouvré sa liberté ; elle devait remuer tous les principes et retrouver les meilleurs. — La presse fait quelquefois du mal, elle a besoin d'être sagement réglementée. Mais c'est une véritable puissance quand elle s'attache à une idée juste.

Le Directoire est un régime de transition ; il conduit la révolution de l'esprit destructif à l'esprit organisateur. Cette période retourne aux vrais principes du droit social.

Quatrième période, de 1800 à 1804. — 18 brumaire. Le Directoire est aboli, le Consulat établi. Bonaparte est nommé premier consul. Réorganisation. — 18 mai 1804. Napoléon est proclamé empereur des Français.

(14) Que se passait-il dans les provinces en 1830 ? Nous n'allons parler que des faits dont nous avons été témoin en Anjou.

Dès 1829 une opposition libérale s'était formée. Le 6 juin 1830, les Angevins faisaient une réception triomphale aux députés qui avec les 221 avaient exprimé courageusement à la Chambre les craintes et les inquiétudes du pays. Au banquet constitutionnel du 13 juin 1830, M. d'Andigné de la Blanchaie remerciait publiquement nos pères qui venaient approuver leurs mandataires. Il terminait son discours par le toast suivant : « A l'opposition constitutionnelle, à sa nécessité, à sa « légalité. »

L'année suivante, au banquet anniversaire du 6 juin 1831, où se trouvaient des députations des gardes nationales de Nantes, Tours, Laval, Le Mans, M. Desmazières, premier président de la Cour d'appel d'Angers, portait le toast ci-après :

« A la mémoire de M. Guilhem ! A M. d'Andigné de la Blanchaie ! « Aux hommes courageux qui ont donné à la France le premier « exemple de résistance à l'arbitraire, résistance légale, énergique et « mesurée tout à la fois ! »

(15) Au mois de novembre 1836, M. Delangle, qui est devenu ministre et qui était alors bâtonnier de l'ordre des avocats de Paris, parlait à la conférence *des nécessités de la justice*, et il disait : « *On peut quelquefois regretter amèrement la précipitation ; la patience jamais !* »

— M. Segris, député de Maine-et-Loire prend la parole. Il dit notamment ce qui suit : « On peut voir sombrer les droits les plus légitimes « par une insuffisance de délai. »   (*Moniteur* du 26 mars 1862.)

— Dans le barreau moderne, M. Leberquier, avocat à la Cour de Paris fait cette réflexion qui nous a vivement touché : « Laissons à la

« matière poussée par la vapeur son inintelligente vitesse ! laissons à
« l'œuvre de la justice sa prudente et sage mesure ! »

(16) M. Bardon rappelant la sollicitude montrée par nos lois
pour l'unité de la justice, dit encore :

« Nos lois ont manifesté cette sollicitude, d'un côté par l'obligation
« imposée au juge de *motiver ses jugements* ; de l'autre par l'institution
« d'un tribunal supérieur qui a pour mission de rectifier et de fixer la
« jurisprudence. Double et admirable garantie créée par nos lois nou-
« velles, mais qui ne saurait porter ses fruits si le magistrat n'est pas
« imbu des *raisons premières et de l'esprit de ces lois.* — Il faut au juge
« cette force supérieure pour qu'il sache et veuille préciser toujours
« avec netteté le motif légal qui dicte ses décisions. Avec elle il tien-
« dra dans un absolu dédain ces formules vagues et faciles qui enve-
« loppent le point de droit dans une obscurité calculée pour couvrir
« l'ignorance, l'incertitude, je ne veux pas dire *l'arbitraire du magis-*
« *trat. Jaloux de la seule autorité de la loi, et rempli pour elle d'une sou-*
« *mission vraie, il mettra son honneur et son devoir à juger en droit.* »

(17) Dans notre pétition à l'Assemblée nationale nous avons
donné un extrait des comptes-rendus de la justice civile en France,
pour les années 1867 et 1868. Les résultats généraux sont à peu près
les mêmes pour les années suivantes.

(18) Dans un ouvrage sur l'organisation judiciaire, par M. Odilon
Barrot, — 1872, Paris, chez Didier, — l'auteur dit : « Si l'organisa-
« tion judiciaire a suivi une progression, ce n'est pas dans le sens de
« la liberté civile et des garanties des citoyens. »

(19) M. de Vatimesnil, au nom de la Commission chargée d'exa-
miner le projet de loi sur l'assistance judiciaire, du 30 janvier 1851,
disait :

« La justice doit être *accessible* à tous, souvent il était impossible
« aux indigents de soutenir et d'intenter un procès... Si le législateur
« entoure de trop de difficultés l'admission à l'assistance, il étouffera
« des réclamations légitimes qui ne pourront se produire. »

Il en est de même pour les pourvois dans l'intérêt de la loi, et la
réparation des erreurs.

Si les tribunaux inférieurs pouvaient juger en fait et en équité, la
loi sur l'assistance judiciaire ne donnerait elle-même aux justiciables
aucune garantie.

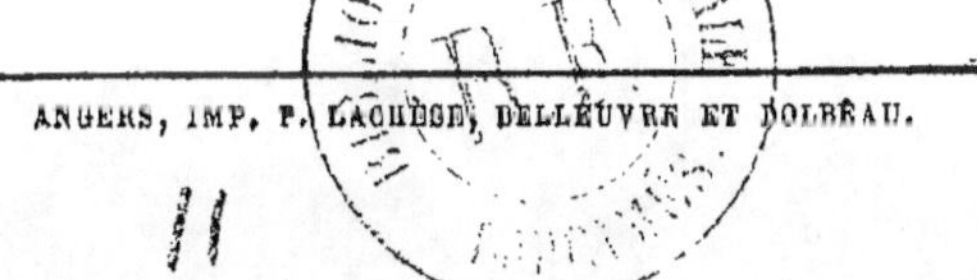

ANGERS, IMP. P. LACHÈSE, BELLEUVRE ET DOLBEAU.